2020-2021
Teacher Planner

the
influence of a good
teacher
can never be
erased

Pages Included In This Planner

Birthdays

January	February	March

Year at a Glance

January	February	March
		June

Student Roster

Name	Parents	Email	Phone Number

Student Health and Medication

Name	Condition/Allergy	Medic

Yearly Recap

Classroom Expense Tracker

te	Description	Paid To	Amount	Subtotal

The Plan   Week Of:

Subject	Monday	Tuesday	Wednesday	Thursday	Friday

Continuing Education

Date	Unit	Hours

Plan By Subject

Subject: Unit: Lesson:

Objective:

Instructional Plan:

Assignments/Homework:

Subject: Unit: Lesson:

Objective:

Instructional Plan:

Assignments/Homework:

Subject: Unit: Lesson:

Objective:

Instructional Plan:

Assignments/Homework:

Subject: Unit: Lesson:

Objective:

Instructional Plan:

Assignments/Homework:

2020-2021 Academic Calendar

July 2020 August 2020 September 2020

October 2020 November 2020 December 2020

January 2021 February 2021 March 2021

April 2021 May 2021 June 2021

**It Takes Real Planning
To Organize This Kind Of Chaos**

2020-2021 Academic Calendar

July 2020

S	M	T	W	T	F	S
			1	2	3	4
5	6	7	8	9	10	11
12	13	14	15	16	17	18
19	20	21	22	23	24	25
26	27	28	29	30	31	

August 2020

S	M	T	W	T	F	S
						1
2	3	4	5	6	7	8
9	10	11	12	13	14	15
16	17	18	19	20	21	22
23	24	25	26	27	28	29
30	31					

September 2020

S	M	T	W	T	F	S
		1	2	3	4	5
6	7	8	9	10	11	12
13	14	15	16	17	18	19
20	21	22	23	24	25	26
27	28	29	30			

October 2020

S	M	T	W	T	F	S
				1	2	3
4	5	6	7	8	9	10
11	12	13	14	15	16	17
18	19	20	21	22	23	24
25	26	27	28	29	30	31

November 2020

S	M	T	W	T	F	S
1	2	3	4	5	6	7
8	9	10	11	12	13	14
15	16	17	18	19	20	21
22	23	24	25	26	27	28
29	30					

December 2020

S	M	T	W	T	F	S
		1	2	3	4	5
6	7	8	9	10	11	12
13	14	15	16	17	18	19
20	21	22	23	24	25	26
27	28	29	30	31		

January 2021

S	M	T	W	T	F	S
					1	2
3	4	5	6	7	8	9
10	11	12	13	14	15	16
17	18	19	20	21	22	23
24	25	26	27	28	29	30
31						

February 2021

S	M	T	W	T	F	S
	1	2	3	4	5	6
7	8	9	10	11	12	13
14	15	16	17	18	19	20
21	22	23	24	25	26	27
28						

March 2021

S	M	T	W	T	F	S
	1	2	3	4	5	6
7	8	9	10	11	12	13
14	15	16	17	18	19	20
21	22	23	24	25	26	27
28	29	30	31			

April 2021

S	M	T	W	T	F	S
				1	2	3
4	5	6	7	8	9	10
11	12	13	14	15	16	17
18	19	20	21	22	23	24
25	26	27	28	29	30	

May 2021

S	M	T	W	T	F	S
						1
2	3	4	5	6	7	8
9	10	11	12	13	14	15
16	17	18	19	20	21	22
23	24	25	26	27	28	29
30	31					

June 2021

S	M	T	W	T	F	S
		1	2	3	4	5
6	7	8	9	10	11	12
13	14	15	16	17	18	19
20	21	22	23	24	25	26
27	28	29	30			

It Takes Real Planning To Organize This Kind Of Chaos

Year at a Glance

January	February	March

April	May	June

July	August	September

October	November	December

Student Roster

Name	Parents	Email	Phone Number

Student Roster

Name	Parents	Email	Phone Number

Birthdays

January	February	March

April	May	June

Birthdays

July	August	September

October	November	December

Student Health and Medication Information

Name	Condition/Allergy	Medication	Dose

Continuing Education Log

Date	Unit	Hours	Notes

Classroom Expense Tracker

Date	Description	Paid To	Amount	Subtotal
		TOTAL		**$**

Classroom Expense Tracker

Date	Description	Paid To	Amount	Subtotal
		TOTAL		**$**

The Plan
Week Of:

Subject	Monday	Tuesday	Wednesday	Thursday	Friday

Plan By Subject

Subject: Unit: Lesson:

Objective:

Instructional Plan:

Assignments/Homework:

Subject: Unit: Lesson:

Objective:

Instructional Plan:

Assignments/Homework:

Subject: Unit: Lesson:

Objective:

Instructional Plan:

Assignments/Homework:

Subject: Unit: Lesson:

Objective:

Instructional Plan:

Assignments/Homework:

Plan By Subject

Subject:	Unit:	Lesson:

Objective:

Instructional Plan:

Assignments/Homework:

Subject:	Unit:	Lesson:

Objective:

Instructional Plan:

Assignments/Homework:

Subject:	Unit:	Lesson:

Objective:

Instructional Plan:

Assignments/Homework:

Weekly Recap:

_____

_____

_____

_____

_____

_____

The Plan

Week Of:

Subject	Monday	Tuesday	Wednesday	Thursday	Friday

Plan By Subject

Subject:	Unit:	Lesson:

Objective:

Instructional Plan:

Assignments/Homework:

Subject:	Unit:	Lesson:

Objective:

Instructional Plan:

Assignments/Homework:

Subject:	Unit:	Lesson:

Objective:

Instructional Plan:

Assignments/Homework:

Subject:	Unit:	Lesson:

Objective:

Instructional Plan:

Assignments/Homework:

Plan By Subject

Subject:	Unit:	Lesson:

Objective:

Instructional Plan:

Assignments/Homework:

Subject:	Unit:	Lesson:

Objective:

Instructional Plan:

Assignments/Homework:

Subject:	Unit:	Lesson:

Objective:

Instructional Plan:

Assignments/Homework:

Weekly Recap:

_____

_____

_____

_____

_____

The Plan

Week Of:

Subject	Monday	Tuesday	Wednesday	Thursday	Friday

Plan By Subject

Subject: Unit: Lesson:

Objective:

Instructional Plan:

Assignments/Homework:

Subject: Unit: Lesson:

Objective:

Instructional Plan:

Assignments/Homework:

Subject: Unit: Lesson:

Objective:

Instructional Plan:

Assignments/Homework:

Subject: Unit: Lesson:

Objective:

Instructional Plan:

Assignments/Homework:

Plan By Subject

Subject:	Unit:	Lesson:

Objective:

Instructional Plan:

Assignments/Homework:

Subject:	Unit:	Lesson:

Objective:

Instructional Plan:

Assignments/Homework:

Subject:	Unit:	Lesson:

Objective:

Instructional Plan:

Assignments/Homework:

Weekly Recap:

_____

_____

_____

_____

_____

The Plan

Week Of:

Subject	Monday	Tuesday	Wednesday	Thursday	Friday

Plan By Subject

Subject:	Unit:	Lesson:

Objective:

Instructional Plan:

Assignments/Homework:

Subject:	Unit:	Lesson:

Objective:

Instructional Plan:

Assignments/Homework:

Subject:	Unit:	Lesson:

Objective:

Instructional Plan:

Assignments/Homework:

Subject:	Unit:	Lesson:

Objective:

Instructional Plan:

Assignments/Homework:

Plan By Subject

Subject:	Unit:	Lesson:

Objective:

Instructional Plan:

Assignments/Homework:

Subject:	Unit:	Lesson:

Objective:

Instructional Plan:

Assignments/Homework:

Subject:	Unit:	Lesson:

Objective:

Instructional Plan:

Assignments/Homework:

Weekly Recap:

_____

_____

_____

_____

_____

_____

The Plan

Week Of:

Subject	Monday	Tuesday	Wednesday	Thursday	Friday

Plan By Subject

Subject:	Unit:	Lesson:

Objective:

Instructional Plan:

Assignments/Homework:

Subject:	Unit:	Lesson:

Objective:

Instructional Plan:

Assignments/Homework:

Subject:	Unit:	Lesson:

Objective:

Instructional Plan:

Assignments/Homework:

Subject:	Unit:	Lesson:

Objective:

Instructional Plan:

Assignments/Homework:

Plan By Subject

Subject:	Unit:	Lesson:

Objective:

Instructional Plan:

Assignments/Homework:

Subject:	Unit:	Lesson:

Objective:

Instructional Plan:

Assignments/Homework:

Subject:	Unit:	Lesson:

Objective:

Instructional Plan:

Assignments/Homework:

Weekly Recap:

_____

_____

_____

_____

_____

The Plan

Week Of:

Subject	Monday	Tuesday	Wednesday	Thursday	Friday

Plan By Subject

Subject: Unit: Lesson:

Objective:

Instructional Plan:

Assignments/Homework:

Subject: Unit: Lesson:

Objective:

Instructional Plan:

Assignments/Homework:

Subject: Unit: Lesson:

Objective:

Instructional Plan:

Assignments/Homework:

Subject: Unit: Lesson:

Objective:

Instructional Plan:

Assignments/Homework:

Plan By Subject

Subject:	Unit:	Lesson:

Objective:

Instructional Plan:

Assignments/Homework:

Subject:	Unit:	Lesson:

Objective:

Instructional Plan:

Assignments/Homework:

Subject:	Unit:	Lesson:

Objective:

Instructional Plan:

Assignments/Homework:

Weekly Recap:

_____

_____

_____

_____

_____

_____

The Plan

Week Of:

Subject	Monday	Tuesday	Wednesday	Thursday	Friday

Plan By Subject

Subject:	Unit:	Lesson:

Objective:

Instructional Plan:

Assignments/Homework:

Subject:	Unit:	Lesson:

Objective:

Instructional Plan:

Assignments/Homework:

Subject:	Unit:	Lesson:

Objective:

Instructional Plan:

Assignments/Homework:

Subject:	Unit:	Lesson:

Objective:

Instructional Plan:

Assignments/Homework:

Plan By Subject

Subject:	Unit:	Lesson:
Objective:		
Instructional Plan:		
Assignments/Homework:		
Subject:	Unit:	Lesson:
Objective:		
Instructional Plan:		
Assignments/Homework:		
Subject:	Unit:	Lesson:
Objective:		
Instructional Plan:		
Assignments/Homework:		

Weekly Recap:

_____

_____

_____

_____

_____

_____

The Plan

Week Of:

Subject	Monday	Tuesday	Wednesday	Thursday	Friday

Plan By Subject

Subject:	Unit:	Lesson:

Objective:

Instructional Plan:

Assignments/Homework:

Subject:	Unit:	Lesson:

Objective:

Instructional Plan:

Assignments/Homework:

Subject:	Unit:	Lesson:

Objective:

Instructional Plan:

Assignments/Homework:

Subject:	Unit:	Lesson:

Objective:

Instructional Plan:

Assignments/Homework:

Plan By Subject

Subject:	Unit:	Lesson:

Objective:

Instructional Plan:

Assignments/Homework:

Subject:	Unit:	Lesson:

Objective:

Instructional Plan:

Assignments/Homework:

Subject:	Unit:	Lesson:

Objective:

Instructional Plan:

Assignments/Homework:

Weekly Recap:

_____

_____

_____

_____

_____

_____

The Plan

Week Of:

Subject	Monday	Tuesday	Wednesday	Thursday	Friday

Plan By Subject

Subject:	Unit:	Lesson:

Objective:

Instructional Plan:

Assignments/Homework:

Subject:	Unit:	Lesson:

Objective:

Instructional Plan:

Assignments/Homework:

Subject:	Unit:	Lesson:

Objective:

Instructional Plan:

Assignments/Homework:

Subject:	Unit:	Lesson:

Objective:

Instructional Plan:

Assignments/Homework:

Plan By Subject

Subject:	Unit:	Lesson:

Objective:

Instructional Plan:

Assignments/Homework:

Subject:	Unit:	Lesson:

Objective:

Instructional Plan:

Assignments/Homework:

Subject:	Unit:	Lesson:

Objective:

Instructional Plan:

Assignments/Homework:

Weekly Recap:

_____

_____

_____

_____

_____

_____

The Plan

Week Of:

Subject	Monday	Tuesday	Wednesday	Thursday	Friday

Plan By Subject

Subject: Unit: Lesson:
Objective:
Instructional Plan:
Assignments/Homework:
Subject: Unit: Lesson:
Objective:
Instructional Plan:
Assignments/Homework:
Subject: Unit: Lesson:
Objective:
Instructional Plan:
Assignments/Homework:
Subject: Unit: Lesson:
Objective:
Instructional Plan:
Assignments/Homework:

Plan By Subject

Subject:	Unit:	Lesson:

Objective:

Instructional Plan:

Assignments/Homework:

Subject:	Unit:	Lesson:

Objective:

Instructional Plan:

Assignments/Homework:

Subject:	Unit:	Lesson:

Objective:

Instructional Plan:

Assignments/Homework:

Weekly Recap:

_____

_____

_____

_____

_____

_____

The Plan

Week Of:

Subject	Monday	Tuesday	Wednesday	Thursday	Friday

Plan By Subject

Subject:	Unit:	Lesson:

Objective:

Instructional Plan:

Assignments/Homework:

Subject:	Unit:	Lesson:

Objective:

Instructional Plan:

Assignments/Homework:

Subject:	Unit:	Lesson:

Objective:

Instructional Plan:

Assignments/Homework:

Subject:	Unit:	Lesson:

Objective:

Instructional Plan:

Assignments/Homework:

Plan By Subject

Subject:	Unit:	Lesson:

Objective:

Instructional Plan:

Assignments/Homework:

Subject:	Unit:	Lesson:

Objective:

Instructional Plan:

Assignments/Homework:

Subject:	Unit:	Lesson:

Objective:

Instructional Plan:

Assignments/Homework:

Weekly Recap:

_____

_____

_____

_____

_____

_____

The Plan

Week Of:

Subject	Monday	Tuesday	Wednesday	Thursday	Friday

Plan By Subject

Subject:	Unit:	Lesson:

Objective:

Instructional Plan:

Assignments/Homework:

Subject:	Unit:	Lesson:

Objective:

Instructional Plan:

Assignments/Homework:

Subject:	Unit:	Lesson:

Objective:

Instructional Plan:

Assignments/Homework:

Subject:	Unit:	Lesson:

Objective:

Instructional Plan:

Assignments/Homework:

Plan By Subject

Subject:	Unit:	Lesson:

Objective:

Instructional Plan:

Assignments/Homework:

Subject:	Unit:	Lesson:

Objective:

Instructional Plan:

Assignments/Homework:

Subject:	Unit:	Lesson:

Objective:

Instructional Plan:

Assignments/Homework:

Weekly Recap:

_____

_____

_____

_____

_____

_____

The Plan

Week Of:

Subject	Monday	Tuesday	Wednesday	Thursday	Friday

Plan By Subject

Subject:	Unit:	Lesson:

Objective:

Instructional Plan:

Assignments/Homework:

Subject:	Unit:	Lesson:

Objective:

Instructional Plan:

Assignments/Homework:

Subject:	Unit:	Lesson:

Objective:

Instructional Plan:

Assignments/Homework:

Subject:	Unit:	Lesson:

Objective:

Instructional Plan:

Assignments/Homework:

Plan By Subject

Subject:	Unit:	Lesson:

Objective:

Instructional Plan:

Assignments/Homework:

Subject:	Unit:	Lesson:

Objective:

Instructional Plan:

Assignments/Homework:

Subject:	Unit:	Lesson:

Objective:

Instructional Plan:

Assignments/Homework:

Weekly Recap:

_____

_____

_____

_____

_____

The Plan

Week Of:

Subject	Monday	Tuesday	Wednesday	Thursday	Friday

Plan By Subject

Subject: Unit: Lesson:

Objective:

Instructional Plan:

Assignments/Homework:

Subject: Unit: Lesson:

Objective:

Instructional Plan:

Assignments/Homework:

Subject: Unit: Lesson:

Objective:

Instructional Plan:

Assignments/Homework:

Subject: Unit: Lesson:

Objective:

Instructional Plan:

Assignments/Homework:

Plan By Subject

Subject:	Unit:	Lesson:

Objective:

Instructional Plan:

Assignments/Homework:

Subject:	Unit:	Lesson:

Objective:

Instructional Plan:

Assignments/Homework:

Subject:	Unit:	Lesson:

Objective:

Instructional Plan:

Assignments/Homework:

Weekly Recap:

_____

_____

_____

_____

_____

_____

The Plan

Week Of:

Subject	Monday	Tuesday	Wednesday	Thursday	Friday

Plan By Subject

Subject: Unit: Lesson:

Objective:

Instructional Plan:

Assignments/Homework:

Subject: Unit: Lesson:

Objective:

Instructional Plan:

Assignments/Homework:

Subject: Unit: Lesson:

Objective:

Instructional Plan:

Assignments/Homework:

Subject: Unit: Lesson:

Objective:

Instructional Plan:

Assignments/Homework:

Plan By Subject

Subject: Unit: Lesson:

Objective:

Instructional Plan:

Assignments/Homework:

Subject: Unit: Lesson:

Objective:

Instructional Plan:

Assignments/Homework:

Subject: Unit: Lesson:

Objective:

Instructional Plan:

Assignments/Homework:

Weekly Recap:

_____

_____

_____

_____

_____

_____

The Plan

Week Of:

Subject	Monday	Tuesday	Wednesday	Thursday	Friday

Plan By Subject

Subject:	Unit:	Lesson:

Objective:

Instructional Plan:

Assignments/Homework:

Subject:	Unit:	Lesson:

Objective:

Instructional Plan:

Assignments/Homework:

Subject:	Unit:	Lesson:

Objective:

Instructional Plan:

Assignments/Homework:

Subject:	Unit:	Lesson:

Objective:

Instructional Plan:

Assignments/Homework:

Plan By Subject

Subject:	Unit:	Lesson:

Objective:

Instructional Plan:

Assignments/Homework:

Subject:	Unit:	Lesson:

Objective:

Instructional Plan:

Assignments/Homework:

Subject:	Unit:	Lesson:

Objective:

Instructional Plan:

Assignments/Homework:

Weekly Recap:

_____

_____

_____

_____

_____

_____

The Plan
Week Of:

Subject	Monday	Tuesday	Wednesday	Thursday	Friday

Plan By Subject

Subject:	Unit:	Lesson:

Objective:

Instructional Plan:

Assignments/Homework:

Subject:	Unit:	Lesson:

Objective:

Instructional Plan:

Assignments/Homework:

Subject:	Unit:	Lesson:

Objective:

Instructional Plan:

Assignments/Homework:

Subject:	Unit:	Lesson:

Objective:

Instructional Plan:

Assignments/Homework:

Plan By Subject

Subject:	Unit:	Lesson:

Objective:

Instructional Plan:

Assignments/Homework:

Subject:	Unit:	Lesson:

Objective:

Instructional Plan:

Assignments/Homework:

Subject:	Unit:	Lesson:

Objective:

Instructional Plan:

Assignments/Homework:

Weekly Recap:

_____

_____

_____

_____

_____

The Plan

Week Of:

Subject	Monday	Tuesday	Wednesday	Thursday	Friday

Plan By Subject

Subject: Unit: Lesson:

Objective:

Instructional Plan:

Assignments/Homework:

Subject: Unit: Lesson:

Objective:

Instructional Plan:

Assignments/Homework:

Subject: Unit: Lesson:

Objective:

Instructional Plan:

Assignments/Homework:

Subject: Unit: Lesson:

Objective:

Instructional Plan:

Assignments/Homework:

Plan By Subject

Subject:	Unit:	Lesson:

Objective:

Instructional Plan:

Assignments/Homework:

Subject:	Unit:	Lesson:

Objective:

Instructional Plan:

Assignments/Homework:

Subject:	Unit:	Lesson:

Objective:

Instructional Plan:

Assignments/Homework:

Weekly Recap:

_____

_____

_____

_____

_____

The Plan

Week Of:

Subject	Monday	Tuesday	Wednesday	Thursday	Friday

Plan By Subject

Subject:	Unit:	Lesson:

Objective:

Instructional Plan:

Assignments/Homework:

Subject:	Unit:	Lesson:

Objective:

Instructional Plan:

Assignments/Homework:

Subject:	Unit:	Lesson:

Objective:

Instructional Plan:

Assignments/Homework:

Subject:	Unit:	Lesson:

Objective:

Instructional Plan:

Assignments/Homework:

Plan By Subject

Subject:	Unit:	Lesson:

Objective:

Instructional Plan:

Assignments/Homework:

Subject:	Unit:	Lesson:

Objective:

Instructional Plan:

Assignments/Homework:

Subject:	Unit:	Lesson:

Objective:

Instructional Plan:

Assignments/Homework:

Weekly Recap:

_____

_____

_____

_____

_____

_____

The Plan

Week Of:

Subject	Monday	Tuesday	Wednesday	Thursday	Friday

Plan By Subject

Subject:	Unit:	Lesson:

Objective:

Instructional Plan:

Assignments/Homework:

Subject:	Unit:	Lesson:

Objective:

Instructional Plan:

Assignments/Homework:

Subject:	Unit:	Lesson:

Objective:

Instructional Plan:

Assignments/Homework:

Subject:	Unit:	Lesson:

Objective:

Instructional Plan:

Assignments/Homework:

Plan By Subject

Subject:	Unit:	Lesson:

Objective:

Instructional Plan:

Assignments/Homework:

Subject:	Unit:	Lesson:

Objective:

Instructional Plan:

Assignments/Homework:

Subject:	Unit:	Lesson:

Objective:

Instructional Plan:

Assignments/Homework:

Weekly Recap:

_____

_____

_____

_____

_____

The Plan

Week Of:

Subject	Monday	Tuesday	Wednesday	Thursday	Friday

Plan By Subject

Subject:	Unit:	Lesson:

Objective:

Instructional Plan:

Assignments/Homework:

Subject:	Unit:	Lesson:

Objective:

Instructional Plan:

Assignments/Homework:

Subject:	Unit:	Lesson:

Objective:

Instructional Plan:

Assignments/Homework:

Subject:	Unit:	Lesson:

Objective:

Instructional Plan:

Assignments/Homework:

Plan By Subject

Subject: Unit: Lesson:

Objective:

Instructional Plan:

Assignments/Homework:

Subject: Unit: Lesson:

Objective:

Instructional Plan:

Assignments/Homework:

Subject: Unit: Lesson:

Objective:

Instructional Plan:

Assignments/Homework:

Weekly Recap:

_____

_____

_____

_____

_____

The Plan

Week Of:

Subject	Monday	Tuesday	Wednesday	Thursday	Friday

Plan By Subject

Subject:	Unit:	Lesson:

Objective:

Instructional Plan:

Assignments/Homework:

Subject:	Unit:	Lesson:

Objective:

Instructional Plan:

Assignments/Homework:

Subject:	Unit:	Lesson:

Objective:

Instructional Plan:

Assignments/Homework:

Subject:	Unit:	Lesson:

Objective:

Instructional Plan:

Assignments/Homework:

Plan By Subject

Subject:	Unit:	Lesson:

Objective:

Instructional Plan:

Assignments/Homework:

Subject:	Unit:	Lesson:

Objective:

Instructional Plan:

Assignments/Homework:

Subject:	Unit:	Lesson:

Objective:

Instructional Plan:

Assignments/Homework:

Weekly Recap:

_____

_____

_____

_____

_____

_____

The Plan

Week Of:

Subject	Monday	Tuesday	Wednesday	Thursday	Friday

Plan By Subject

Subject:	Unit:	Lesson:

Objective:

Instructional Plan:

Assignments/Homework:

Subject:	Unit:	Lesson:

Objective:

Instructional Plan:

Assignments/Homework:

Subject:	Unit:	Lesson:

Objective:

Instructional Plan:

Assignments/Homework:

Subject:	Unit:	Lesson:

Objective:

Instructional Plan:

Assignments/Homework:

Plan By Subject

Subject:	Unit:	Lesson:

Objective:

Instructional Plan:

Assignments/Homework:

Subject:	Unit:	Lesson:

Objective:

Instructional Plan:

Assignments/Homework:

Subject:	Unit:	Lesson:

Objective:

Instructional Plan:

Assignments/Homework:

Weekly Recap:

_____

_____

_____

_____

_____

The Plan

Week Of:

Subject	Monday	Tuesday	Wednesday	Thursday	Friday

Plan By Subject

Subject:	Unit:	Lesson:

Objective:

Instructional Plan:

Assignments/Homework:

Subject:	Unit:	Lesson:

Objective:

Instructional Plan:

Assignments/Homework:

Subject:	Unit:	Lesson:

Objective:

Instructional Plan:

Assignments/Homework:

Subject:	Unit:	Lesson:

Objective:

Instructional Plan:

Assignments/Homework:

Plan By Subject

Subject:	Unit:	Lesson:

Objective:

Instructional Plan:

Assignments/Homework:

Subject:	Unit:	Lesson:

Objective:

Instructional Plan:

Assignments/Homework:

Subject:	Unit:	Lesson:

Objective:

Instructional Plan:

Assignments/Homework:

Weekly Recap:

_____

_____

_____

_____

_____

_____

The Plan

Week Of:

Subject	Monday	Tuesday	Wednesday	Thursday	Friday

Plan By Subject

Subject:	Unit:	Lesson:

Objective:

Instructional Plan:

Assignments/Homework:

Subject:	Unit:	Lesson:

Objective:

Instructional Plan:

Assignments/Homework:

Subject:	Unit:	Lesson:

Objective:

Instructional Plan:

Assignments/Homework:

Subject:	Unit:	Lesson:

Objective:

Instructional Plan:

Assignments/Homework:

Plan By Subject

Subject:	Unit:	Lesson:

Objective:

Instructional Plan:

Assignments/Homework:

Subject:	Unit:	Lesson:

Objective:

Instructional Plan:

Assignments/Homework:

Subject:	Unit:	Lesson:

Objective:

Instructional Plan:

Assignments/Homework:

Weekly Recap:

_____

_____

_____

_____

_____

_____

The Plan

Week Of:

Subject	Monday	Tuesday	Wednesday	Thursday	Friday

Plan By Subject

Subject:	Unit:	Lesson:

Objective:

Instructional Plan:

Assignments/Homework:

Subject:	Unit:	Lesson:

Objective:

Instructional Plan:

Assignments/Homework:

Subject:	Unit:	Lesson:

Objective:

Instructional Plan:

Assignments/Homework:

Subject:	Unit:	Lesson:

Objective:

Instructional Plan:

Assignments/Homework:

Plan By Subject

Subject:	Unit:	Lesson:

Objective:

Instructional Plan:

Assignments/Homework:

Subject:	Unit:	Lesson:

Objective:

Instructional Plan:

Assignments/Homework:

Subject:	Unit:	Lesson:

Objective:

Instructional Plan:

Assignments/Homework:

Weekly Recap:

_____

_____

_____

_____

_____

_____

The Plan

Week Of:

Subject	Monday	Tuesday	Wednesday	Thursday	Friday

Plan By Subject

Subject:	Unit:	Lesson:

Objective:

Instructional Plan:

Assignments/Homework:

Subject:	Unit:	Lesson:

Objective:

Instructional Plan:

Assignments/Homework:

Subject:	Unit:	Lesson:

Objective:

Instructional Plan:

Assignments/Homework:

Subject:	Unit:	Lesson:

Objective:

Instructional Plan:

Assignments/Homework:

Plan By Subject

Subject:	Unit:	Lesson:

Objective:

Instructional Plan:

Assignments/Homework:

Subject:	Unit:	Lesson:

Objective:

Instructional Plan:

Assignments/Homework:

Subject:	Unit:	Lesson:

Objective:

Instructional Plan:

Assignments/Homework:

Weekly Recap:

_____

_____

_____

_____

_____

The Plan

Week Of:

Subject	Monday	Tuesday	Wednesday	Thursday	Friday

Plan By Subject

Subject:	Unit:	Lesson:

Objective:

Instructional Plan:

Assignments/Homework:

Subject:	Unit:	Lesson:

Objective:

Instructional Plan:

Assignments/Homework:

Subject:	Unit:	Lesson:

Objective:

Instructional Plan:

Assignments/Homework:

Subject:	Unit:	Lesson:

Objective:

Instructional Plan:

Assignments/Homework:

Plan By Subject

Subject:	Unit:	Lesson:

Objective:

Instructional Plan:

Assignments/Homework:

Subject:	Unit:	Lesson:

Objective:

Instructional Plan:

Assignments/Homework:

Subject:	Unit:	Lesson:

Objective:

Instructional Plan:

Assignments/Homework:

Weekly Recap:

_____

_____

_____

_____

_____

_____

The Plan

Week Of:

Subject	Monday	Tuesday	Wednesday	Thursday	Friday

Plan By Subject

Subject:	Unit:	Lesson:

Objective:

Instructional Plan:

Assignments/Homework:

Subject:	Unit:	Lesson:

Objective:

Instructional Plan:

Assignments/Homework:

Subject:	Unit:	Lesson:

Objective:

Instructional Plan:

Assignments/Homework:

Subject:	Unit:	Lesson:

Objective:

Instructional Plan:

Assignments/Homework:

Plan By Subject

Subject:	Unit:	Lesson:

Objective:

Instructional Plan:

Assignments/Homework:

Subject:	Unit:	Lesson:

Objective:

Instructional Plan:

Assignments/Homework:

Subject:	Unit:	Lesson:

Objective:

Instructional Plan:

Assignments/Homework:

Weekly Recap:

_____

_____

_____

_____

_____

_____

The Plan

Week Of:

Subject	Monday	Tuesday	Wednesday	Thursday	Friday

Plan By Subject

Subject:	Unit:	Lesson:

Objective:

Instructional Plan:

Assignments/Homework:

Subject:	Unit:	Lesson:

Objective:

Instructional Plan:

Assignments/Homework:

Subject:	Unit:	Lesson:

Objective:

Instructional Plan:

Assignments/Homework:

Subject:	Unit:	Lesson:

Objective:

Instructional Plan:

Assignments/Homework:

Plan By Subject

Subject:	Unit:	Lesson:

Objective:

Instructional Plan:

Assignments/Homework:

Subject:	Unit:	Lesson:

Objective:

Instructional Plan:

Assignments/Homework:

Subject:	Unit:	Lesson:

Objective:

Instructional Plan:

Assignments/Homework:

Weekly Recap:

_____

_____

_____

_____

_____

_____

The Plan

Week Of:

Subject	Monday	Tuesday	Wednesday	Thursday	Friday

Plan By Subject

Subject:	Unit:	Lesson:

Objective:

Instructional Plan:

Assignments/Homework:

Subject:	Unit:	Lesson:

Objective:

Instructional Plan:

Assignments/Homework:

Subject:	Unit:	Lesson:

Objective:

Instructional Plan:

Assignments/Homework:

Subject:	Unit:	Lesson:

Objective:

Instructional Plan:

Assignments/Homework:

Plan By Subject

Subject:	Unit:	Lesson:

Objective:

Instructional Plan:

Assignments/Homework:

Subject:	Unit:	Lesson:

Objective:

Instructional Plan:

Assignments/Homework:

Subject:	Unit:	Lesson:

Objective:

Instructional Plan:

Assignments/Homework:

Weekly Recap:

_____

_____

_____

_____

_____

_____

The Plan

Week Of:

Subject	Monday	Tuesday	Wednesday	Thursday	Friday

Plan By Subject

Subject: Unit: Lesson:	
Objective:	
Instructional Plan:	
Assignments/Homework:	

Subject: Unit: Lesson:	
Objective:	
Instructional Plan:	
Assignments/Homework:	

Subject: Unit: Lesson:	
Objective:	
Instructional Plan:	
Assignments/Homework:	

Subject: Unit: Lesson:	
Objective:	
Instructional Plan:	
Assignments/Homework:	

Plan By Subject

Subject: Unit: Lesson:	
Objective:	
Instructional Plan:	
Assignments/Homework:	

Subject: Unit: Lesson:	
Objective:	
Instructional Plan:	
Assignments/Homework:	

Subject: Unit: Lesson:	
Objective:	
Instructional Plan:	
Assignments/Homework:	

Weekly Recap:

_____

_____

_____

_____

_____

_____

The Plan

Week Of:

Subject	Monday	Tuesday	Wednesday	Thursday	Friday

Plan By Subject

Subject:	Unit:	Lesson:

Objective:

Instructional Plan:

Assignments/Homework:

Subject:	Unit:	Lesson:

Objective:

Instructional Plan:

Assignments/Homework:

Subject:	Unit:	Lesson:

Objective:

Instructional Plan:

Assignments/Homework:

Subject:	Unit:	Lesson:

Objective:

Instructional Plan:

Assignments/Homework:

Plan By Subject

Subject: Unit: Lesson:

Objective:

Instructional Plan:

Assignments/Homework:

Subject: Unit: Lesson:

Objective:

Instructional Plan:

Assignments/Homework:

Subject: Unit: Lesson:

Objective:

Instructional Plan:

Assignments/Homework:

Weekly Recap:

_____

_____

_____

_____

_____

The Plan

Week Of:

Subject	Monday	Tuesday	Wednesday	Thursday	Friday

Plan By Subject

Subject:	Unit:	Lesson:

Objective:

Instructional Plan:

Assignments/Homework:

Subject:	Unit:	Lesson:

Objective:

Instructional Plan:

Assignments/Homework:

Subject:	Unit:	Lesson:

Objective:

Instructional Plan:

Assignments/Homework:

Subject:	Unit:	Lesson:

Objective:

Instructional Plan:

Assignments/Homework:

Plan By Subject

Subject:	Unit:	Lesson:

Objective:

Instructional Plan:

Assignments/Homework:

Subject:	Unit:	Lesson:

Objective:

Instructional Plan:

Assignments/Homework:

Subject:	Unit:	Lesson:

Objective:

Instructional Plan:

Assignments/Homework:

Weekly Recap:

_____

_____

_____

_____

_____

_____

The Plan

Week Of:

Subject	Monday	Tuesday	Wednesday	Thursday	Friday

Plan By Subject

Subject: Unit: Lesson:

Objective:

Instructional Plan:

Assignments/Homework:

Subject: Unit: Lesson:

Objective:

Instructional Plan:

Assignments/Homework:

Subject: Unit: Lesson:

Objective:

Instructional Plan:

Assignments/Homework:

Subject: Unit: Lesson:

Objective:

Instructional Plan:

Assignments/Homework:

Plan By Subject

Subject:	Unit:	Lesson:

Objective:

Instructional Plan:

Assignments/Homework:

Subject:	Unit:	Lesson:

Objective:

Instructional Plan:

Assignments/Homework:

Subject:	Unit:	Lesson:

Objective:

Instructional Plan:

Assignments/Homework:

Weekly Recap:

_____

_____

_____

_____

_____

_____

The Plan

Week Of:

Subject	Monday	Tuesday	Wednesday	Thursday	Friday

Plan By Subject

Subject:	Unit:	Lesson:

Objective:

Instructional Plan:

Assignments/Homework:

Subject:	Unit:	Lesson:

Objective:

Instructional Plan:

Assignments/Homework:

Subject:	Unit:	Lesson:

Objective:

Instructional Plan:

Assignments/Homework:

Subject:	Unit:	Lesson:

Objective:

Instructional Plan:

Assignments/Homework:

Plan By Subject

Subject:	Unit:	Lesson:

Objective:

Instructional Plan:

Assignments/Homework:

Subject:	Unit:	Lesson:

Objective:

Instructional Plan:

Assignments/Homework:

Subject:	Unit:	Lesson:

Objective:

Instructional Plan:

Assignments/Homework:

Weekly Recap:

_____

_____

_____

_____

_____

_____

The Plan

Week Of:

Subject	Monday	Tuesday	Wednesday	Thursday	Friday

Plan By Subject

Subject:	Unit:	Lesson:

Objective:

Instructional Plan:

Assignments/Homework:

Subject:	Unit:	Lesson:

Objective:

Instructional Plan:

Assignments/Homework:

Subject:	Unit:	Lesson:

Objective:

Instructional Plan:

Assignments/Homework:

Subject:	Unit:	Lesson:

Objective:

Instructional Plan:

Assignments/Homework:

Plan By Subject

Subject:	Unit:	Lesson:

Objective:

Instructional Plan:

Assignments/Homework:

Subject:	Unit:	Lesson:

Objective:

Instructional Plan:

Assignments/Homework:

Subject:	Unit:	Lesson:

Objective:

Instructional Plan:

Assignments/Homework:

Weekly Recap:

_____

_____

_____

_____

_____

_____

The Plan

Week Of:

Subject	Monday	Tuesday	Wednesday	Thursday	Friday

Plan By Subject

Subject: Unit: Lesson:

Objective:

Instructional Plan:

Assignments/Homework:

Subject: Unit: Lesson:

Objective:

Instructional Plan:

Assignments/Homework:

Subject: Unit: Lesson:

Objective:

Instructional Plan:

Assignments/Homework:

Subject: Unit: Lesson:

Objective:

Instructional Plan:

Assignments/Homework:

Plan By Subject

Subject:	Unit:	Lesson:

Objective:

Instructional Plan:

Assignments/Homework:

Subject:	Unit:	Lesson:

Objective:

Instructional Plan:

Assignments/Homework:

Subject:	Unit:	Lesson:

Objective:

Instructional Plan:

Assignments/Homework:

Weekly Recap:

_____

_____

_____

_____

_____

_____

The Plan

Week Of:

Subject	Monday	Tuesday	Wednesday	Thursday	Friday

Plan By Subject

Subject:	Unit:	Lesson:

Objective:

Instructional Plan:

Assignments/Homework:

Subject:	Unit:	Lesson:

Objective:

Instructional Plan:

Assignments/Homework:

Subject:	Unit:	Lesson:

Objective:

Instructional Plan:

Assignments/Homework:

Subject:	Unit:	Lesson:

Objective:

Instructional Plan:

Assignments/Homework:

Plan By Subject

Subject:	Unit:	Lesson:

Objective:

Instructional Plan:

Assignments/Homework:

Subject:	Unit:	Lesson:

Objective:

Instructional Plan:

Assignments/Homework:

Subject:	Unit:	Lesson:

Objective:

Instructional Plan:

Assignments/Homework:

Weekly Recap:

_____

_____

_____

_____

_____

The Plan

Week Of:

Subject	Monday	Tuesday	Wednesday	Thursday	Friday

Plan By Subject

Subject:	Unit:	Lesson:

Objective:

Instructional Plan:

Assignments/Homework:

Subject:	Unit:	Lesson:

Objective:

Instructional Plan:

Assignments/Homework:

Subject:	Unit:	Lesson:

Objective:

Instructional Plan:

Assignments/Homework:

Subject:	Unit:	Lesson:

Objective:

Instructional Plan:

Assignments/Homework:

Plan By Subject

Subject:	Unit:	Lesson:

Objective:

Instructional Plan:

Assignments/Homework:

Subject:	Unit:	Lesson:

Objective:

Instructional Plan:

Assignments/Homework:

Subject:	Unit:	Lesson:

Objective:

Instructional Plan:

Assignments/Homework:

Weekly Recap:

_____

_____

_____

_____

_____

_____

Yearly Recap

Yearly Recap

_____

_____

_____

_____

_____

_____

_____

_____

_____

_____

_____

_____

_____

Yearly Recap

Yearly Recap

_____

_____

_____

_____

_____

_____

_____

_____

_____

_____

_____

_____

Yearly Recap

_____

_____

_____

_____

_____

_____

_____

_____

_____

_____

_____

Yearly Recap

Yearly Recap

_____

_____

_____

_____

_____

_____

_____

_____

_____

_____

_____

_____

Yearly Recap

_____

_____

_____

_____

_____

_____

_____

_____

_____

_____

_____

_____

Yearly Recap

Yearly Recap

_____

_____

_____

_____

_____

_____

_____

_____

_____

_____

_____

_____

_____

_____

Yearly Recap

_____

_____

_____

_____

_____

_____

_____

_____

_____

_____

_____

_____

Yearly Recap

_____

_____

_____

_____

_____

_____

_____

_____

_____

_____

_____

_____

Yearly Recap

Yearly Recap

_____

_____

_____

_____

_____

_____

_____

_____

_____

_____

_____

_____

_____

Yearly Recap

_____

_____

_____

_____

_____

_____

_____

_____

_____

_____

_____

_____

Yearly Recap

_____

_____

_____

_____

_____

_____

_____

_____

_____

_____

_____

Yearly Recap

Yearly Recap

_____

_____

_____

_____

_____

_____

_____

_____

_____

_____

_____

_____

_____

Made in the USA
Monee, IL
16 November 2020